GRAND JEU DE SOCIÉTÉ ET PRATIQUES SECRÈTES DE MLLE LE NORMAND.

PARIS
J. GAUDAIS, FABRICANT DE CARTES A JOUER
20, RUE DE LA BANQUE.

GRAND JEU

DE

MADEMOISELLE LE NORMAND.

GRAND

JEU DE SOCIÉTÉ

ET

PRATIQUES SECRÈTES

DE

MLLE LE NORMAND.

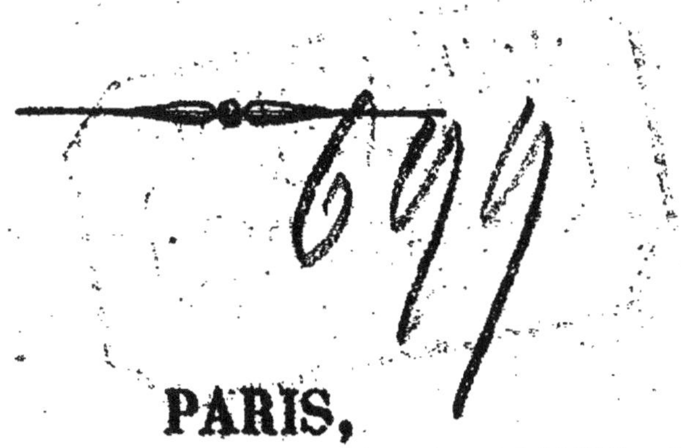

PARIS,

J. GAUDAIS, FABRICANT DE CARTES A JOUER

20, RUE DE LA BANQUE.

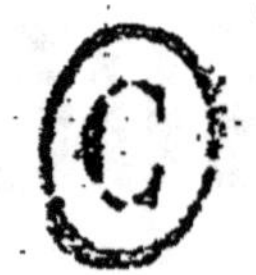

GRAND
JEU DE SOCIÉTÉ
ET
PRATIQUES SECRÈTES
DE MADEMOISELLE LE NORMAND.

CHAPITRE PREMIER.

Explication et valeur des Cartes.

—

ROI DE TRÈFLE.

Homme de savoir et de grande sagacité, capable de donner des avis sages et judicieux.

Grand sujet. — Phinée, roi de Thrace, aveuglé par punition, assis à une table et prenant son repas : d'un côté, les harpies lui salissent ses viandes ; d'un autre côté, il donne aux Argonautes des conseils sur le chemin qu'ils doivent parcourir pour aller en Colchide.

Suivre en tous points les conseils d'un vieillard que vous aurez besoin de consulter.

Sujet de droite. — Deux groupes de roches, une colombe en deçà.

Défiance et précaution à prendre pour un voyage.

Sujet de gauche, — Deux groupes de roches une colombe au delà.

Sécurité sur l'entreprise d'un voyage.

Fleurs. — Plumbago, basilic, pavot.

L'entreprise que vous êtes sur le point de faire est chanceuse, mais il y a richesse et gloire, et en prenant des précautions et les conseils d'un homme sage, vous réussirez.

DAME DE TRÈFLE.

Femme aimable, généreuse, serviable, aimant le plaisir et insouciante.

Grand sujet. — Les trois Hespérides gardant l'arbre aux pommes d'or.

Femme de caractère léger, d'existence problématique, poétique, artistique, aimant la variété, les jeux, la musique et la toilette.

Sujet de droite. — Femme debout ; près d'elle est une chaise en or.

Femme de bonne compagnie, aux manières aisées, qui plaît par son esprit, et dont la société est recherchée.

Sujet de gauche. — Une panthère devant une glace.

Femme prodigue, dissolue.

Fleurs. — Organes sexuels, chèvrefeuille, rose des quatre saisons.

Vous rechercherez avec ardeur la société des femmes, dont le choix est difficile à faire. Prenez garde : vous êtes menacé d'un attachement qui vous perdrait.

VALET DE TRÈFLE.

Jeune homme galant auprès des dames,

adroit, persistant, employant tous les moyens pour arriver à son but.

Grand sujet. — Hippomène, courant avec Atalante, laisse tomber des pommes d'or, afin de l'amuser dans sa course et d'arriver le premier au but.

Vous ne pourrez arriver qu'en usant d'adresse et d'artifices.

Sujet de droite. — Vieillard près d'une jeune fille, lui faisant de belles promesses.

Vous n'obtiendrez l'objet de vos désirs que par l'intérêt.

Sujet de gauche. — Le char de Vénus traîné par des moineaux.

Vous poursuivez une idée qui vous tourmente : mettez en œuvre l'art et la séduction.

Fleurs. — Œillet panaché, anagallis, menispermum.

Quelle que soit votre position, ce n'est qu'après beaucoup de peine et en usant de moyens artificieux que vous arriverez à votre but.

DIX DE TRÈFLE.

Réussite dans une entreprise hasardée.

Grand sujet. — Ulysse et Diomède emmènent les beaux chevaux blancs de Rhésus à travers un camp ennemi ; ils marchent sur les morts. — Talisman de Mars.

Troisième fatalité. Grand courage qui vous portera à exposer votre vie pour ôter un degré de force à votre ennemi. Aidé du talisman de Mars, vous serez invulnérable.

Sujet de droite. — Patrocle vient d'être blessé par Hector ; il chancelle.

Revers au milieu du succès.

Sujet de gauche. — Une branche de vigne avec plusieurs raisins.

Après le succès, vous aurez encore besoin d'adresse et de force.

Fleurs. — Bromelia, rassella, nicotiana,

Dans cette extrémité, le courage et laprésence d'esprit sont nécessaires.

NEUF DE TRÈFLE.

Cette carte annonce au commerçant un

succès ; s'il est marié, il deviendra veuf avant le temps ; l'homme sans état et sans fortune, s'il est souple et habile, gagnera de l'argent en servant la vengeance et les caprices des grands.

Grand sujet. — L'écrevisse envoyée par Junon pour piquer Hercule au talon, dans le temps qu'il tuait l'hydre de Lerne.

Messager intéressé.

Sujet de droite. — Juif comptant des écus.

Emprunt à gros intérêts.

Sujet de gauche. — Asiatique vendant des dattes.

Réussite, profit.

Fleurs. — Anthoseros, helleborus, trèfle rouge.

Cette carte vous prédit plusieurs catastrophes au milieu d'un certain succès ; vous apprendrez à vos dépens que le bonheur n'est pas toujours constant.

HUIT DE TRÈFLE.

Mariage.

Grand sujet. — L'artiste, entre deux lampes philosophiques, indiquant le mélange du fixe et du volatil, ou le mariage de Beya et de Gabertin.

Vous désirez la réalisation d'un mariage, il s'accomplira.

Sujet de droite. — Le fixe et le volatil restent éloignés.

Si vous n'y prenez garde, votre ménage sera désuni.

Sujet de gauche. — Mélange du fixe et du volatil.

Vous serez heureux en ménage.

Fleurs. — Organes sexuels.

Avec de la raison et de la justice, vous connaîtrez dès le premier mois de votre mariage ce qu'il faut faire pour être heureux. Mais gardez-vous de manquer des qualités susdites.

SEPT DE TRÈFLE.

Artiste, poëte ou musicien, séduisant par ses talents, sa voix et son esprit.

Grand sujet. — le dieu Pan, pour se soustraire au géant qui cherche à escalader le ciel, se change en Capricorne.

La personne accompagnée de cette carte doit se défier d'un séducteur.

Sujet de droite. — Artisan tenant en ses mains un objet de forme mécanique.

Génie inventif qui saura amasser de la renommée, mais peu de richesses.

Sujet de gauche. — Un fourneau d'où il sort des étincelles.

Promesses trompeuses de présents et de richesses.

Fleurs. — Castanea, salix, rose de Chine.

Cette carte promet à ceux qui ont de la conduite et des talents une grande célébrité.

SIX DE TRÈFLE.

Fausse réconciliation de deux ennemis.

Grand sujet. — Pâris et Ménélas sur le point de se battre en combat singulier ; deux agneaux blancs sont préparés pour être sacrifiés en actions de grâces.

Vous êtes sur le point de vider une querelle, ou d'expliquer un mécontentement, ou d'éclaircir une affaire embrouillée : aucune de ces choses ne s'exécutera.

Sujet de droite. — Enlèvement du Palladium. — Talisman du soleil.

Quatrième fatalité. Vous acquerrez un degré de force de plus pour atteindre le but que vous vous proposez ; si vous prenez le talisman du soleil pour égide, vous arriverez aux honneurs.

Sujet de gauche. — Achille pince de la lyre.

Oubli de soi-même, ennui, chagrin, folie.

Fleurs. — Taxus, rhus, géranium.

Rien ne se passera comme vous l'espérez ; celui-là seul qui saura le mieux se faire aimer arrivera aux dépens de l'autre.

CINQ DE TRÈFLE.

Cette carte annonce qu'un homme abusera

de la confiance de son ami, en lui prenant ce qu'il a de plus cher.

Grand sujet. — Fuite de Pâris avec Hélène, femme de Ménélas.

Mauvaise action faite dans l'intérieur d'une famille. Abus de confiance.

Sujet de droite. — Agamemnon et Ménélas.

Préparatifs de vengeance ; famille concertant une punition sévère.

Sujet de gauche. — Hélène seule, triste, implorant les dieux.

Femme repentante.

Fleurs. — Organes sexuels. — Gallium, tilia.

L'action que vous méditez est lâche, vous n'en aurez que de la honte et des remords ; ne l'exécutez pas, s'il en est temps encore.

QUATRE DE TRÈFLE.

Femme vaniteuse, bruyante, emportée. — Un mariage qui n'est pas dans les conditions d'un bonheur désirable.

Grand sujet. — La lampe philosophique au-dessus de laquelle est l'écuelle qui contient l'œuf renfermant la matière en dissolution. L'artiste écoute.

Homme subordonné aux caprices d'une femme.

Sujet de droite. — Une grisette recevant la visite d'un homme.

Femme à plaisirs, coquette.

Sujet de gauche. — Une jeune femme écrivant.

Femme savante ayant plus de renommée que de vrai mérite.

Fleurs. — Giroflée rouge, mesembryanthemum, theobroma.

Vous êtes averti par cette carte que votre choix n'est pas en rapport avec votre caractère.

TROIS DE TRÈFLE.

Heureuse surprise dans un moment de peine

Grand sujet. — La lampe philosophique, au-dessus de laquelle est l'écuelle qui contient l'œuf renfermant la matière, qui commence à se dissoudre. L'artiste, un genou à terre, en examine les progrès.

Cet état de la matière est le symbole d'une existence mixte, laborieuse, qui sera bientôt dans l'abondance par un mariage honorable.

Sujet de droite. —Martea, déesse des héritages.

Changement de position, héritage.

Sujet de gauche. — Les trois pourvoyeuses filles du prêtre Anius.

Bonne Providence.

Fleurs. — Lilas blanc, saule, saponaria.

Cette carte est parfaitement bonne : à la peine succédera la joie.

DEUX DE TRÈFLE.

Il vous viendra de l'or, ou par héritage, ou par don.

Grand sujet. — Les déesses puisent de l'or dans le Pactole.

Dans une circonstance inattendue, vous ferez connaissance d'un homme qui mettra à votre disposition beaucoup d'or.

Sujet de droite. — Un rocher au bas duquel est un oiseau qui essaye vainement de voler au haut.

Richesse sans nom et titre.

Sujet de gauche. — Un rocher au-dessus duquel est un oiseau.

Richesses avec nom, titres et renommée.

Fleurs. — Blé, melia, statice.

Les agréments ou les talents de votre personne vous mettront à même de faire une fortune considérable.

AS DE TRÈFLE.

Fortune et gloire gagnées à une affaire commerciale non ordinaire.

Grand sujet. — Forêt dans laquelle est suspendue la toison d'or. Jason se battant, pour la prendre, contre des hommes armés.

Réussite complète.

Sujet de droite. — Bal, réjouissance.

Au milieu de l'opulence, des plaisirs, mécontentement et contrainte.

Sujet de gauche. — Jason et Médée sur un vaisseau.

Retour d'un voyage.

Fleurs. — Tremella, marguerite, clochette.

Cette carte indique une réussite complète; mais on aura à lutter contre une famille jalouse si l'on n'a pas le soin de la fuir.

ROI DE COEUR.

Un homme riche et sage vous obligera si vous suivez en tout point son exemple et ses conseils.

Grand sujet. — Un vieillard méditant, un sablier est à côté de lui.

Prudence et sagesse en toutes démarches, demandes ou entreprises de la vie.

Sujet de droite. — Un pupitre sur lequel est une Bible.

Vie paisible, toute de bienfaisance et de religion.

Sujet de gauche. — Un pupitre sur lequel est le livre des lois de Solon.

Esprit éclairé, savant, profond.

Fleurs. — Muguet, guimauve, cerise, feuilles et fruits.

Cette carte assure au consultant un bonheur inattendu s'il suit la pente naturelle de l'homme de bien.

DAME DE CŒUR.

Femme d'une douceur extrême, excellente de cœur, de laquelle vous recevrez de grands services.

Grand sujet. — Jupiter indiquant du doigt à

Astrée la place qu'elle doit occuper au ciel.

Vous avez besoin de protection contre la faiblesse, bien que la pureté de votre cœur et l'élévation de votre âme soient susceptibles de vous garantir; mais prenez soin de fuir les mauvaises compagnies.

Sujet de droite. — Une jeune fille devant un orgue.

De bonnes inspirations vous mettront sous une protection sage; vous irez au bien.

Sujet de gauche. — Une religieuse considérant un oiseau de Paradis.

Femme vertueuse que rien ne saurait détourner de ses devoirs.

Fleurs. — Cistus, papaver, lilas varin.

Il y a dans cette carte une lutte de jeune fille entre le choix d'une société frivole et celui de gens pleins de sagesse.

VALET DE CŒUR.

On fera la connaissance d'un jeune homme avec lequel on se liera, et dont on recevra des services.

Grand sujet. — Jupiter, avec une tête de bélier, indique au dieu Bacchus une fontaine où il peut se désaltérer.

Homme embarrassé dans ses affaires, cherchant partout quelqu'un qui puisse l'obliger.

Sujet de droite. — Une corne d'abondance.

Si c'est un homme, il recevra un grand secours de jeunes mariés.

Une demoiselle, si elle est sage, épousera un jeune homme sur lequel elle était loin de compter.

Sujet de gauche. — Un flambeau allumé, environné de papillons.

Dans une société où vous serez invité, et où vous vous rendrez avec le dessein de profiter de l'occasion pour parler de vos embarras, on vous fera des promesses qui n'auront jamais leur exécution.

Fleurs. — Fuchsia, lemna, ivraie.

Dans cette carte, il y a crainte et défiance ; une femme pourra bien perdre le cœur de son mari, elle saura découvrir sa rivale ; elle aura tout en abondance, mais elle conquerra difficilement l'amour de son époux.

DIX DE CŒUR.

Jeune fille candide et sans volonté.

Grand sujet. — L'artiste, les bras croisés, considère la matière fixée gris clair et dont le commencement de blancheur s'annonce par une petite couronne blanche.

Un homme considère avec ravissement les grâces et le mérite d'une femme.

Sujet de droite. — Jeune fille brodant.

On recherche une jeune fille laborieuse et de famille honnête.

Sujet de gauche. — Jeune fille touchant du piano.

On recherche une riche héritière ne s'occupant que d'arts et d'agrément.

Fleurs. — Violette, seringat, rose de mai.

Deux grandes difficultés existent pour obtenir la personne que vous recherchez : plaire à la mère et à la fille.

NEUF DE CŒUR.

Dans n'importe quelle position, on aura le respect et l'amitié de tout le monde.

Grand sujet. — Hercule étouffant le lion de la forêt de Némée.

Homme utile, courageux, s'exposant à tous les dangers pour la tranquillité de son pays.

Sujet de droite. — Napoléon donne la croix à un grenadier.

Bravoure, mérite récompensé.

Sujet de gauche. — Un maire couronne une rosière.

Jeune fille courageuse et sage que chacun protége et respecte.

Fleurs. — Lilas, arum, immortelle.

Cette carte est le symbole du vrai mérite et de la force ; en aucun cas elle ne peut être mauvaise.

HUIT DE COEUR.

Joie secrète, réussite sur une chose désirée depuis longtemps.

Grand sujet. — Un étang entouré d'herbages, au-dessus duquel on voit un aigle enlevant un crapaud.

Perte ou éloignement d'une personne de votre connaissance ou de votre famille qui vous était nuisible.

Sujet de gauche. — Un tombeau, une flamme voltigeant au-dessus.

Héritage de petite importance.

Sujet de droite. — Une femme devant une tombe.

Vous avez une rivale, mais bientôt vous ne l'aurez plus.

Fleurs. — Saule daphné, coltha bucida.

Cette carte indique l'éloignement ou la perte d'une personne qui vous était nuisible.

SEPT DE COEUR.

Il y a dans cette carte une amitié profonde que vous ne soupçonnez pas; cependant, vous apprendrez avec peine son mariage avec un autre.

Grand sujet. — La lampe philosophique, au-dessus de laquelle est l'écuelle qui contient l'œuf renfermant la pierre. L'artiste introduit le dissolvant.

La pierre arrivée à ce degré représente l'entrée et la sortie, indique les visites de toutes sortes.

Sujet de droite. — Un postillon apportant un paquet.

Vous recevrez une visite qui vous rendra heureux.

Sujet de gauche. — Un facteur apportant une lettre.

Visites désagréables, nouvelles pénibles.

Fleurs. — Dahlia, belle-de-jour, perce-neige.

Cette carte est très-importante ; elle commande de se maîtriser et d'être discret sur les nouvelles bonnes ou mauvaises que l'on reçoit.

SIX DE COEUR.

Noblesse, honneur, emplois élevés.

Grand sujet. — L'artiste, assis, regarde avec satisfaction la pierre devenue or.

Cet état de la pierre devenue or est le symbole d'une longue carrière parcourue avec bonheur.

Sujet de droite. — Un homme âgé déposant aux pieds d'une jeune personne sa fortune et ses titres.

Jeune femme sollicitée par un seigneur.

Sujet de gauche. — Une femme âgée et riche près de laquelle est un jeune homme.

Proposition de mariage.

Fleurs.— Lierre enveloppant un lis sans fleurs, rose de France, sauge fleurie.

Cette carte indique les bizarreries, les contrastes, les actes inattendus que l'or, la grandeur, la coquetterie font commettre. Une jeune femme seule y trouvera son compte.

CINQ DE COEUR.

Un homme d'Etat recevra des propositions par l'entremise d'envoyés extraordinaires. — Intérêts à sauvegarder.

Grand sujet. — Deux gentilshommes, de nation différente, admis devant le roi.

Grands personnages de nations étrangères venant traiter les affaires de leurs pays.

Sujet de droite. — Un oranger avec ses fruits.

Homme d'Etat fidèle, mais rusé et adroit

Sujet de gauche. — Un faucon enchaîné.

Perte de liberté.

Fleurs. — Veratrum, lichen, rumex.

Tout homme représentant les intérêts de son roi, d'un peuple, d'un pays, et même de la religion, est menacé ici d'être trahi.

QUATRE DE CŒUR.

Conseils pernicieux.

Grand sujet. — Deux dauphins passant l'Euphrate, Vénus et l'Amour sur leur dos.

Fuite du toit paternel.

Sujet de droite. — Une sentinelle devant un vaisseau.

Fuir la société de personnes capables de donner des exemples pernicieux.

Sujet de gauche. — Un homme entre deux femmes donnant à l'une d'elles une lettre à la dérobée.

Le premier résultat de mauvais conseils est la brouille d'un ménage.

Fleurs. — Cartanus défleuri, potamogeton, scirpus effeuillé.

Cette carte indique à la jeune fille angoisses et remords sans fin.

TROIS DE CŒUR.

Homme de génie.

Grand sujet. — Cynocéphale dans une forêt, tenant dans une main un rouleau de papier, et de l'autre traçant des caractères sur la terre avec un bâton.

Invention, travail de tête.

Sujet de droite. — Chevalier devant qui brûle une branche de laurier.

Homme de génie devant lequel tout s'incline.

Sujet de gauche. Jeune homme triste regardant un cadran solaire dont l'aiguille est cachée par l'ombre.

Génie méconnu, souffrant de l'injustice de ses rivaux.

Fleurs. — Sureau, ciperus, laurier.

Cette carte annonce à l'homme dont le génie est méconnu une occasion prochaine de briller, et, s'il a des ennemis, ils ne seront bientôt plus à craindre.

DEUX DE COEUR.

Homme intègre, désintéressé.

Grand sujet. — Une pelouse encadrée en partie d'un bois ; une compagnie de perdrix arrêtée par un chien.

Intendant, fonctionnaire probe, juste, loyal, esclave de sa parole.

Sujet de droite. — Un jet d'eau entouré de verdure.

Vous êtes entouré de flatteurs ; votre intégrité chancelle.

Sujet de gauche. — Ermite assis à l'entrée de sa cabane.

Aucune basse flatterie n'aura d'écho dans votre esprit.

Fleurs. — Fucus, violette double, jacinthe panachée.

Cette carte favorise l'homme de bien ; mais malheur à lui si la grandeur lui fait oublier la justice ; alors elle lui prédit une chute terrible.

AS DE CŒUR.

Parenté.

Grand sujet. — Danaüs et ses cinquante filles.

Famille.

Sujet de droite. — Une église où l'on prie.

Famille unie, protection.

Sujet de gauche. — Cassolette dans laquelle brûlent des parfums.

Famille de mœurs équivoques, désunion, société dangereuse à fréquenter.

Fleurs. — Buxus, musa, bouton de rose à moitié ouvert.

Si vous ne savez discerner les personnes que vous fréquentez, vous commettrez des fautes qui nuiront à votre avenir.

ROI DE CARREAU.

Homme serviable, sans façon, brave, franc, qu'il faut ménager.

Grand sujet. — Cadmus offre à Minerve un vase portant cette inscription : « L'île de Rhodes doit être dévastée par des serpents. »

Service signalé d'un inconnu.

Sujet de droite. — Une corneille sur un arbre laisse tomber des fruits qu'une truie mange.

Service d'un plus petit que soi.

Sujet de gauche. — Une femme tient sur son doigt un scarabée les ailes déployées.

Service en échange de faveurs.

Fleurs. — Oranger, fleurs et fruits, rosier thé, pied d'alouette.

Vous recevrez des présents ou des services appropriés à vos besoins.

DAME DE CARREAU.

Femme médisante, méchante, ne trouvant du plaisir qu'à faire le mal.

Grand sujet. — Les dieux et les déesses assistant aux noces de Pélée et de Thétis. La Discorde entre pendant qu'ils sont à table, jette une pomme sur laquelle est écrit : « A la plus belle. »

Evénement qui causera des débats entre plusieurs dames.

Sujet de droite. — Pâris présentant la pomme à Vénus.

Femme heureuse d'obtenir une préférence.

Sujet de gauche. — Un serpent dévorant des oiseaux dans leur nid.

Menace de vengeance.

Fleurs. — Balota, géranium, jonquille.

Cette carte est mauvaise par les méchancetés que l'envie et la vengeance préparent.

VALET DE CARREAU.

Jeune homme rusé et adroit, chargé d'un message important.

Grand sujet. — Ulysse pénètre à la cour de Lycomède, déguisé en marchand, pour y découvrir Achille, qui s'y tient caché sous des habits de femme. Talisman de Mercure.

Découverte utile pour une entreprise que vous voulez faire.

Sujet de droite. — Un bataillon de soldats sous les armes.

Forces supérieures.

Sujet de gauche. — Junon dans un nuage.

Courage ! les secours ne vous manqueront pas.

Fleurs. — Dodartia, balsamine, cobæa.

Cette carte indique le triomphe de la

ruse et de l'adresse, aidées par une protection puissante.

DIX DE CARREAU.

Conseils insidieux, projets de voyage.

Grand sujet. — Palais vaste et somptueux dans lequel on voit Pélias donnant des conseils à Jason.

Jeune homme écoutant des conseils avec joie et sans défiance.

Sujet de droite. — L'architecte Argus trace le dessin du navire *Argo*.

Préparatifs de voyage.

Sujet de gauche. — Chêne parlant de la forêt de Dodone ; Jason écoute.

Jeune homme épouvanté des projets qu'il médite.

Fleurs. — Barega, œillet rouge, tulipe.

Proposition dictée par la perfidie ; cependant, en écoutant des conseils sages et judicieux, vous pourrez réussir.

NEUF DE CARREAU.

Démarches, inquiétudes, préparatifs de départ pour un voyage éloigné.

Grand sujet. — Les Argonautes s'embarquent pour la Colchide sur le navire *Argo.*

Voyage.

Sujet de droite. — Les Argonautes portant leur vaisseau sur leurs épaules.

Entraves sur le chemin.

Sujet de gauche. — Les Argonautes recevant des vivres.

Voyage heureux.

Fleurs. — Carthamus, convolvulus, genévrier.

Avec des précautions et du courage, vous surmonterez les difficultés d'un voyage difficile.

HUIT DE CARREAU.

Démarches d'une personne bonne, serviable, pour procurer un emploi.

Grand sujet. — Ganymède présente aux dieux l'ambroisie.

Position assurée.

Sujet de droite. — Jeune homme étudiant.

Réputation manquée faute de persévérance.

Sujet de gauche. — Institutrice faisant travailler des enfants.

Orphelin recueilli.

Fleurs. — Chrysanthemum, gladiolus, silphium.

Avec vos talents et vos avantages physiques, vous parviendrez à changer de position.

SEPT DE CARREAU.

Vicissitudes.

Grand sujet. — La femme d'Epiméthée, frère de Prométhée, ouvrant la boîte de Pandore.

Peines de toutes sortes.

Sujet de droite. — Un homme désespéré.

Mauvaises affaires.

Sujet de gauche. — Un mendiant.

Misère.

Fleurs. — Hypericum, cardiospermum, hellébore panaché.

Malheur à qui ne peut éloigner cette carte de soi : elle présage la misère ou les revers les plus terribles.

SIX DE CARREAU.

Cette carte peut même démasquer un criminel, tant elle indique de noirceur.

Grand sujet. — Crocodile endormi ; l'ichneumon s'insinuant dans son gosier pour lui ronger le cœur.

Homme pervers qui sait prendre tous les tons pour émouvoir et arriver aux perfidies qu'il médite.

Sujet de droite. — Une comète tombée.

Homme flétri par la fréquentation des scélérats.

Sujet de gauche. — Une femme qui pince de la guitare et un homme qui bat le tambour.

Désunion, homme et femme dangereux et portés au mal.

Fleurs. — Rhododendrum, fraises et feuilles, bruyère.

Si vous n'êtes pas entièrement corrompu, fuyez les personnes que vous fréquentez, car leur vie est infâme.

CINQ DE CARREAU.

Entêté, orgueilleux, médisant.

Grand sujet. — Phaéton, conduisant le char du soleil, aperçoit le scorpion se replier sur lui ; la peur lui fait abandonner les rênes.

Mal avisé, ne voulant écouter aucun des conseils de la prudence.

Sujet de droite. — Deux femmes du peuple se querellent.

Perte d'emplois pour avoir médit de ses maîtres.

Sujet de gauche. — Homme de police assis à une table et écoutant.

Homme que l'inconduite, des idées répréhensibles ou une mauvaise tête amènent entre les mains de la police.

Fleurs. — Trèfle ocre, giroflée, paronichia.

Cette carte donne une importante leçon de conduite aux personnes imprudentes et téméraires, qui n'ariveront jamais au but qu'elles se proposent.

QUATRE DE CARREAU.

Par l'amour, vous acquerrez richesse et gloire.

Grand sujet. — Médée, belle et célèbre magicienne, remettant à Jason une fiole et des petits paquets de poudre.

Protection puissante.

Sujet de droite. — Jason jette une poudre au dragon.

Assurance.

Sujet de gauche. — Jason jette de l'eau au taureau furieux.

Effroi.

Fleurs. — Urtica, brionia, cercis.

Ne vous laissez pas abattre par les difficultés, bientôt vous atteindrez le but de vos désirs.

TROIS DE CARREAU.

Affection, union traversée.

Grand sujet. — Castor et Pollux.

Amitié, union de famille.

Sujet de droite. — Un homme à cheval.

Après des chagrins de cœur, un voyage est ce que vous avez de mieux à faire.

Sujet de gauche. — Deux palmiers à côté l'un de l'autre et ne se touchant pas.

Amitié malheureuse et sans espérance d'union.

Fleurs. — Lierre enlaçant l'épine, seringat, romarin.

Vos souvenirs douloureux seront longs : cette carte est l'emblème de la souffrance.

DEUX DE CARREAU.

Conduite équivoque.

Grand sujet. — Un enfant assis sur un bouc.

Fécondité, accouchement.

Sujet de droite. — Jeune fille devant la fée Miraïs.

Jeune fille fière de réparer sa faute.

Sujet de gauche. — Jeune fille devant Eugérie, déesse de la grossesse.

Jeune fille pleurant une faute irréparable.

Fleurs. — Gentiane, violette jaune, renoncule.

En attendant l'heureux avenir que vous

espérez encore, vous pleurerez amèrement un bonheur évanoui.

AS DE CARREAU.

Lettre ou nouvelle.

Grand sujet. — Harpocrate orné de rayons, assis sur le lotus, le doigt sur la bouche, remettant une lettre à Mercure.

Message, confidence.

Sujet de droite. — Anubis gardant des papiers.

Confident sûr et discret.

Sujet de gauche. — Argus lisant une lettre.

Confident, messager indiscret.

Fleurs. — Roseau, lythrum, rose unique.

Cette carte indique qu'il est nécessaire de vous mettre en garde contre l'indiscrétion des gens qui vous entourent.

ROI DE PIQUE.

Homme de loi avec lequel on aura des affaires à régler.

Grand sujet. — Ménès présidant à un plaidoyer.

Procès.

Sujet de droite. — Mastigophore présentant une lettre de cachet.

Procès civil ou commercial.

Sujet de gauche. — Prisonnier à la grille d'une prison.

Procès criminel.

Fleurs. — Tulipe, eliam, canna.

Si cette carte est bien accompagnée, les terribles angoisses qu'elle annonce cesseront dans un temps rapproché.

DAME DE PIQUE.

Délaissement ou veuvage.

Grand sujet. — Isis en pleurs cherche son mari, qu'elle trouve mort, caché sous un tamarin à fleurs blanches.

Femme pleurant la perte de son époux.

Sujet de droite. — Isis visitée par une femme âgée.

Consolation.

Sujet de gauche. — Un homme remplissant une lampe d'huile.

Perte d'une amie.

Fleurs. — Ruscus, polypodium, acacia.

La douleur que cette carte indique s'effacera difficilement ; toutefois on doit se garder de l'impiété, car les secours de la religion sont les seuls efficaces dans cette circonstance.

VALET DE PIQUE.

Homme de savoir, instruit sur les lois et sur toutes les affaires de justice.

Grand sujet. — Un philosophe, une balance à la main, occupé à peser des matières.

Justice, égalité.

Sujet de droite. — Homme devant un juge.

Récriminations sans résultat.

Sujet de gauche. — Un juge fait un partage entre deux individus.

Accord.

Fleurs. — Véronique, giroflée, pervenche.

Cette carte est bonne pour toute personne que l'injustice a fait souffrir, car elle indique qu'elle finira par trouver aide et protection.

DIX DE PIQUE.

Vol, perte.

Grand sujet. — Laverne, déesse des voleurs, accompagnée de loups.

Il vous sera fait un vol plus ou moins considérable, selon l'empire que vous laisserez prendre à ceux qui vous entourent, ou la latitude que vous leur donnerez.

Sujet de droite. — Une femme dérobe un objet sur un meuble.

Vol de confiance.

Sujet de gauche. — Un renard, au milieu d'une basse-cour, dévorant une poule.

Quelqu'un observe vos actions, cherche à pénétrer dans votre intérieur, pour savoir de quelle manière il pourra vous tromper.

Fleurs. — Saxifrage, fleurs et fruits, berberis, garcinia.

L'ordre que vous mettrez dans vos affaires, et la fermeté de vos actions pourront dépister le voleur qui vous poursuit.

NEUF DE PIQUE.

Chagrins, peines morales, retard pour revenir à la tranquillité.

Grand sujet. — Hélène au milieu de ses femmes, occupée à une broderie, dissimule son désespoir. Iris lui apporte une nouvelle.

Femme songeant au malheur qu'elle cause.

Sujet de droite. — Les flèches d'Hercule. Le talisman de Vénus.

Heureuse fatalité. Femme coupable sauvée par le talisman de Vénus.

Sujet de gauche. — Achille reçoit de Thétis, sa mère, des armes fabriquées par Vulcain.

Courir à sa perte.

Fleurs. — Epilobium, rose à cent feuilles, bluet.

Après bien des souffrances morales et des incertitudes atroces sur le sort qui vous attend, lorsque des remords incessants vous auront tourmenté l'esprit, vous finirez par être réhabilité.

HUIT DE PIQUE.

Pleurs causés par la perte d'un objet aimé.

Grand sujet. — Achille traîne à son char le corps inanimé d'Hector, autour des murailles de Troie.

Résultat de la vengeance d'un ennemi.

Sujet de droite. — Les os de Pélops et le talisman de la lune.

Heureuse fatalité. Un obstacle sera surmonté par la faveur de la lune.

Sujet de gauche. — Andromaque agenouillée près de la tombe de son époux.

Famille en pleurs.

Fleurs. — Orchis, taraspic, cardanus.

Cette carte est triste pour le fort comme pour le faible : celui qui triomphe aujourd'hui sera bientôt abattu.

SEPT DE PIQUE.

Espérance sur une idée conçue.

Grand sujet. — L'artiste introduisant la matière brute dans l'œuf philosophique.

Première démarche pour l'exécution d'un mariage.

Sujet de droite. — Une jeune fille parlant à un ouvrier.

Elle se croit aimée et compte sur vos promesses.

Sujet de gauche. — Une jeune fille simple sortant de son village.

Cette femme est l'objet de votre choix.

Fleurs. — Avoine, pione, rose bâtarde.

Cette carte indique démarches et demande en mariage.

SIX DE PIQUE.

Tromperie dont on ne s'apercevra que quand il ne sera plus temps.

Grand sujet. — Cheval de bois entrant sous la porte de Scée, suivi de troupes.

Evénement désastreux.

Sujet de droite. — Pyrrhus à cheval. Talisman de Jupiter.

Heureuse fatalité. Par la vertu du talisman de Jupiter vous obtiendrez ce que vous désirez.

Sujet de gauche. — Briséis au lit de mort de Patrocle.

Vous souffrirez de l'effet d'une discorde qui n'est point de votre faute.

Fleurs. — Cotha, papaver, juniperus.

Vous êtes menacé par cette carte de tomber victime d'une ruse infernale. Le talisman de Jupiter, que je vous conseille de posséder, peut seul empêcher votre perte.

CINQ DE PIQUE.

Vos principes religieux et la science que vous avec acquise donnaient de vous plus d'espérances.

Grand sujet. — Le centaure Chiron vient de mourir; la flèche qui l'a blessé est à côté de lui, et il est métamorphosé au ciel en sagittaire.

Caractère sauvage, fantasque, que la mollesse et l'insouciance dominent ; avec de grandes connaissances, vous resterez sans avenir.

Sujet de droite. — Un jeune homme, des ailes au poignet droit et un poids au poignet gauche.

Entraves insurmontables.

Sujet de gauche. — Un chasseur sans gibier.

Personnage de malheur : le succès ne peut l'atteindre.

Fleurs. — Œillet jaune, framboise, arum.

Cette carte bien accompagnée indique les hommes de science, écrivains, docteurs, prêtres de mérite.

QUATRE DE PIQUE.

Artifice que la jalousie suggère.

Grand sujet. — Junon, déguisée en vieille, vient persuader à Sémélé d'exiger que Jupiter se fasse voir à elle dans toute sa splendeur.

Conseil perfide dans le but de perdre une rivale.

Sujet de droite. — Jupiter, environné de sa foudre, tombe dans le palais de Sémélé pendant son sommeil.

Jalousie satifaite.

Sujet de gauche. — Monceau de paille auquel un enfant met le feu ; on ne voit que la fumée.

Jalousie en défaut.

Fleurs. — Sedum, hélianthe, gossipium.

Cette carte indique des piéges tendus, dont on ne saurait trop se défier.

TROIS DE PIQUE.

Maladie grave, dangèr de mort.

Grand sujet. — Les trois Parques, Clotho, Lachésis et Atropos.

Existence incertaine.

Sujet de droite. — Atropos coupe le fil.

Mort prématurée.

Sujet de gauche. — Lachésis file.

Vie longue et tranquille.

Fleurs. — Cyperus, buis, laurier.

La personne poursuivie par cette carte doit gouverner sa vie avec prudence.

DEUX DE PIQUE.

Confidences, secrets dont on se servira.

Grand sujet. — Les princes grecs viennent consulter Calchas.

Avis salutaires.

Sujet de droite. — Un faisceau d'armes.

Commencement d'hostilités.

Sujet de gauche. — Les cendres de Laomédon dans une urne au-dessous de laquelle est le talisman de Saturne.

Le talisman de Saturne est d'un heureux secours pour toute vengeance à accomplir.

Fleurs. — Sempervivum, ribes, melostoma.

Un orage se prépare ; vous en serez victime.

AS DE PIQUE.

Conduite équivoque, rendez-vous nocturne.

Grand sujet. — Jupiter changé en taureau pour enlever Europe.

Désespoir dans une famille par l'inconduite d'un enfant. Enlèvement d'une fille.

Sujet de droite. — Un homme seul à une table, un verre à la main.

Homme débauché.

Sujet de gauche. — Une femme suspecte.

Une jeune fille se perdra.

Fleurs. — Paronichia, lycopodium, pois de senteur.

Cette carte, qui représente des mauvaises passions, annonce des désordres dont les résultats seront funestes.

CHAPITRE DEUXIEME.

Notions préliminaires.

—

La signification des cartes étant parfaitement connue par l'explication que nous venons d'en donner, voici maintenant les indications nécessaires à leur application.

Quel que soit l'exercice que l'on veuille faire pour connaître si ce que l'on désire arrivera, la personne qui consulte doit elle-même mêler parfaitement les cartes, couper, puis étendre le jeu la face en dessous et retirer les cartes au hasard.

Le nombre de cartes que l'on doit retirer du jeu est facultatif et dépend du coup que l'on veut faire, mais on doit toujours les retirer en nombre impair.

Première Remarque. Si le consultant ni la consultante ne se trouvent dans les cartes sorties, la carte du *milieu* représente celui ou celle qui consulte ; elle est le mobile dont on a besoin, la base des renseignements que l'on cherche.

Deuxième Remarque. Les cartes de droite ont avec celle du milieu d'intimes rapports ; elles peuvent la modifier en bien ou en mal; selon qu'elles sont meilleures ou plus mauvaises. C'est dans les cartes de droite que l'on reconnaîtra les habitudes du consultant, la *moralité* ou le *désordre*, l'*intelligence* ou la *nullité* ; qu'on saura s'il s'agit ou non, pour celui ou celle qui consulte, de fortune, de mariage d'une personne ou d'une affaire à connaître, etc.

Les cartes de gauche déterminent le caractère de la carte du milieu ; de ce côté sont *les tendances, ce qu'on aime le plus, ce qu'on désire et ne peut avoir que difficilement.*

Ces cartes ont donc tout pouvoir sur la carte du milieu. Si elles sont bonnes, on devra s'attendre à une réussite ; si elles sont mauvaises, ce sont des entraves et un indice de défiance sur le représentant.

Comme le sens des cartes se modifie selon les petits sujets de droite ou de gauche, nous allons expliquer un coup de cinq cartes pour servir de modèle.

PREMIÈRE APPLICATION. SUPPOSONS :

Roi de trèfle	Dame de trèfle	Valet de trèfle	Dix de trèfle	Neuf de trèfle

La carte du milieu est *Valet de trèfle.* Nous supposons une personne qui consulte et nous ignorons ce qu'elle cherche à savoir. Nous lui dirons :

Le Valet de trèfle, jeune homme galant, adroit, persistant, représente la *personne qui consulte;* il emploie tous les moyens pour arriver à son but ; il veut parvenir, dût-il user d'adresse et d'artifices, de promesses, de séduction. Il a à sa droite *la Dame de trèfle*, femme de bonne compagnie, aimable, généreuse ; remarquez de plus le petit sujet qui est à sa droite, *femme debout près de laquelle est une chaise en or*. Ceci veut dire : la personne qui consulte fréquente une femme de bonne compagnie qui est insouciante et aime le plaisir, et de laquelle elle pourra recevoir des services.

La deuxième carte à sa droite, *Roi de trèfle*, homme de savoir, capable de donner des avis sages. Ceci veut dire : la personne qui consulte s'occupe d'une affaire commerciale qui nécessite un long voyage ; de plus, le deuxième petit sujet de droite (*deux groupes de roches, une colombe en deçà*) veut dire qu'on doit se défier et prendre des précautions, car la réussite est douteuse.

La première carte à la gauche du consultant est *le Dix de trèfle*, réussite dans une entreprise harsardée. En y joignant le petit sujet de gauche (*une branche de vigne avec plusieurs raisins au-dessus desquels est le talisman de Mars*), ceci veut dire : la personne qui consulte a un ennemi puissant qui entrave l'affaire qu'elle médite et à laquelle tendent toute son ambition et ses vœux. Cet ennemi peut être un rival ou plutôt un concurrent : dans cette extrémité, le *talisman de Mars* sera d'une grande utilité ; il donnera au consultant le courage nécessaire pour amoindrir l'importance de son ennemi.

Le Neuf de trèfle. Cette carte est bonne pour le consultant (1). Il est commerçant, parce qu'il a une carte du *commerce* à sa droite. Il n'est pas marié, parce qu'il n'a pas de carte du *mariage* à sa droite ; il n'est pas riche, parce qu'il n'a pas à sa droite de cartes indiquant *la fortune.* Donc tout ce que cette carte a de défavorable n'atteint pas le consultant ; et à cause du petit sujet de gauche, *Asiatique vendant des dattes*, qui se rapporte à lui, elle indique réussite, profit.

(1) Voir l'explication, page 9, *Neuf de trèfle.*

Concluons : *Le consultant réussira dans ce qu'il désire, mais non sans éprouver des difficultés, et même, au milieu du succès, certains événements nuisibles à ses intérêts.*

Dans l'explication que nous venons de donner on a remarqué sans doute que, parmi les petits sujets, il n'y a que les deux qui sont à droite et les deux qui sont à gauche qui sont applicables au consultant; les autres n'ont aucun rapport avec lui et restent sans emploi.

TROISIÈME REMARQUE. — Si, au contraire, dans les cartes sorties se trouvent le consultant et la consultante, ceci est une preuve que la personne qui consulte s'intéresse particulièrement à quelqu'un que l'autre consultant représente.

Alors il ne lui sera pas difficile, en suivant la règle indiquée, de reconnaître, par les cartes qui l'environnent, ce qu'elle désire savoir.

QUATRIÈME REMARQUE. Quand un des consultants fait le jeu pour connaître la pensée ou les dispositions d'une personne, la carte du milieu représente cette personne, et les petits sujets qui n'ont pas de rapport à elle sont applicables à la personne qui consulte.

Donnons un exemple, et, pour le rendre plus compréhensible, supposons une personne faisant le jeu à la consultante. Elle lui demande ce qu'elle veut.

« Je désire être éclairée sur les assiduités d'un jeune homme qui semble, par ses paroles, vouloir me rechercher en mariage ; je veux savoir ce que je puis espérer. — C'est bien. Mêlez vous-même les cartes, coupez-les, puis, les mettant la face en dessous, prenez au hasard cinq cartes.

Deuxième Application.

1	2	3	4	5
Sept de trèfle	Dix de carreau	Valet de carreau	Six de cœur	Deux de cœur

« Voyez : la première à droite est *Sept de trèfle* ; la deuxième, *Dix de carreau* ; la troisième, celle du milieu, *Valet de carreau*, représente la personne dont vous voulez connaître la pensée, les dispositions.

« Les cartes qui sont à sa gauche sont *Six de cœur* et *Deux de cœur*.

« La carte du milieu (*Ulysse déguisé en marchand*) annonce que la personne qui se présente à vous n'est pas ce qu'elle dit être : sa pensée est cachée, elle vous trompe. La carte qui est à sa droite, *Dix de carreau* (*palais vaste et somptueux dans lequel on voit Pélias donnant des conseils à Jason*), annonce qu'elle s'occupe d'une entreprise commerciale et qu'elle va partir. La deuxième à sa droite, *Sept de trèfle* (*le dieu Pan, etc.*), annonce la séduction. Les démarches du jeune homme que vous désirez apprécier n'ont donc rien de sérieux ; il n'est pas riche, parce qu'il n'a pas de cartes à sa droite indiquant la richesse. Il a de l'intelligence et des talents, ceci est prouvé par le petit sujet, *l'architecte Argus*, qui est à sa droite ; mais le deuxième petit sujet de droite, *artisan tenant en ses mains un objet en forme de mécanique*, indique qu'il n'a jamais eu le pouvoir de faire fortune. Cependant il a de l'ambition et une protection puissante ; il espère s'enrichir et veut y arriver par un mariage élevé, opulent. Ceci est prouvé par la carte *Six de cœur (l'artiste assis regarde avec satisfaction la pierre devenue or)*, qui appartient au mariage et qui est la première à sa gauche. La matière brute changée en or annonce l'opulence, de même que le petit sujet de gauche (*une femme âgée et riche près de laquelle est un jeune homme*) annonce les desseins du consultant. La deuxième carte de gauche, *Deux de cœur* (*une compagnie de perdrix arrêtée par un chien*), et le petit sujet de gauche (*un ermite à l'entrée de sa cabane*), annoncent qu'il veut se servir comme négociateur d'un homme intègre et désintéressé ; cet homme n'a nullement la pensée de vous rechercher en mariage. »

Maintenant nous allons expliquer les petits sujets qui vous sont applicables, vous faisant remarquer que la gauche du consultant est la droite de la consultante, et la gauche de celle-ci la droite du premier, tous deux étant posés en face l'un de l'autre. — Voyons quels sont les petits sujets à droite de la consultante : 1° *Un peloton de soldats* (carte du milieu) annonce qu'une force supérieure utile à tout événement est la base de son caractère. 2° *Un homme âgé déposant aux pieds d'une jeune personne sa fortune et ses titres* (Six de cœur) annonce des propositions de mariage honnêtes et de bonne foi, et ceci est prouvé par la carte *Deux de cœur* qu'il a à sa gauche et qui est d'essence loyale et désintéressée. Cependant le troisième petit sujet, *un jet d'eau entouré de verdure* (Deux de cœur), que la consultante a à sa droite, annonce que la flatterie sera un grand écueil à son bonheur.

Le premier petit sujet qui se trouve à sa gauche, *Junon dans un nuage*, lui assure une protection puissante. Le deuxième à sa gauche, *Chêne parlant de la forêt de Dodone* (Dix de carreau), annonce des projets inquiétants que dicte la folle vanité, et ceci se trouve justifié par le troisième petit sujet à sa gauche, *un fourneau d'où il sort des étincelles* (Sept de trèfle), qui annonce que celui qu'elle préférera ne sera qu'un séducteur.

Ce coup de carte indique la manière d'expliquer tous ceux qu'on ferait pour connaître les pensées d'un autre (1).

Pour les différentes manières de consulter les cartes, nous avons encore deux nuances à expliquer.

CINQUIÈME REMARQUE. — Il faut prévoir

(1) Si l'on faisait ce coup pour connaître les pensée de quelqu'un à l'égard d'une autre personne, la seule différence, c'est que l'autre personne serait supposée celle qui consulte.

le cas où l'un des consultants se trouverait dans les cartes sorties. S'il ne se trouvait pas être la carte du milieu, mais qu'il fût placé sur la droite ou sur la gauche, la manière d'expliquer serait la même. Qu'il ait une carte sur la gauche et trois sur la droite, ou moins sur la droite et plus sur la gauche, si l'on se rappelle bien la signification des cartes à droite et à gauche, ceci, nous le pensons, ne devra susciter aucune difficulté. Cependant, s'il se trouvait *première carte à droite*, il aurait toutes les cartes à sa gauche : ce serait un indice *d'ambition*, *d'indifférence pour tout ce qui est amis*, *famille*; *cela prouverait qu'il désire et convoite tout ce qu'il n'a pas.*

Si, au contraire, il se trouvait *première carte à gauche*, il aurait toutes les autres cartes à sa droite, ce qui serait un indice de *simplicité*, *d'affection*, *de stabilité*, *de fidélité à sa famille et à ceux qu'il fréquente.*

Sixième Remarque. Si le consultant et la consultante se trouvaient sortis dans un coup de cinq cartes, on ferait toujours les explications de la même manière, mais en tenant compte d'une nuance importante, c'est que celui des deux qui est sur la droite aime sincèrement celui qui est sur la gauche, et celui qui est sur la gauche est indifférent à tout ce qui est sur la droite, et l'affection qu'il montre n'est qu'habitude, devoir, politesse, etc...

Septième Remarque. Si, pour une raison quelconque, il importait d'étudier le consultant et la consultante d'une façon plus détaillée, ce ne pourrait être que par le jeu complet. On mêlerait donc les cartes, on couperait, puis on prendrait au hasard, une à une, jusqu'à cinq cartes, et on formerait onze tas, qu'on poserait de droite à gauche. (Le onzième tas n'aura que quatre cartes.)

Les tas ainsi formés, on mettrait le premier tas à droite, et ainsi de suite.

Le premier tas où se trouve un des consultants se mettra à droite ; celui de quatre cartes (le onzième), au milieu ; le troisième, où se trouve l'autre consultant, à gauche, dans l'ordre où ils sont sortis, et on les jugera par les règles indiquées. Tous les autres tas seront mis de côté.

Supposons que le premier des deux consultants sortis soit la consultante, nous la poserons à droite ; le tas de quatre cartes (le onzième), au milieu, et celui où se trouve le consultant, à gauche. On aura cette figure :

Consultante.	11e tas.	Consultant.
5 cartes	4 cartes	5 cartes

ce qui fait en tout quatorze cartes, et deux tas de sept cartes se trouvent formés. En étendant les cartes de droite à gauche, on aura :

1	2	3	4	5	6	7	8	9	10	11	12	13	14
7 pour la consultante.							7 pour le consultant.						

Ainsi, d'après les règles et les indications

que nous donnons, on pourra facilement se renseigner sur ce que l'on désire savoir sur les deux consultants.

Maintenant que nous avons fait connaître les différentes manières de consulter les cartes, nous avons à expliquer qu'elles se divisent en cinq parties : 1° le commerce, 2° le droit du fort sur le faible, 3° le mariage, 4° les événements imprévus, 5° l'ordre des temps, qui imposent un nom à chacune d'elles : ce nom révèle une situation ou un des événements importants de la vie.

Nota. — Il est bien entendu que la droite et la gauche des consultants ou de la carte qui les représente, est la gauche et la droite de la personne qui manie les cartes, étant posés en face l'un de l'autre. Ceci dit et répété pour éviter toute erreur.

CHAPITRE TROISIÈME.

Division du Jeu.

—

1° La conquête de la toison d'or, représentant *le commerce*, comprend six cartes :

Dix de carreau, — Neuf de carreau, — Roi de trèfle, — Quatre de carreau, — As de trèfle, — Neuf de trèfle (1).

2° La guerre de Troie, représentant *le droit du fort sur le faible*, comprend neuf cartes :

Dame de carreau, — Cinq de trèfle, — Deux de pique, — Valet de carreau, — Dix de trèfle, — Neuf de pique, — Six de trèfle, — Six de pique, — Huit de pique.

3° La science hermétique, ou le mariage

(1) Cette carte a une double signification : elle représente aussi le commerce tout en étant signe du Zodiaque.

de Beya et Gaberlin, représente le *mariage* et comprend sept cartes :

Sept de pique, — Trois de trèfle, — Quatre de trèfle, — Huit de trèfle, — Sept de cœur, — Dix de cœur, — Six de cœur.

4° Dix-neuf cartes représentent les *événements imprévus*; ce sont :

Deux de trèfle, — Valet de trèfle, — Sept de carreau, — Huit de cœur, — Trois de cœur, — Six de carreau, — Deux de cœur, — Roi de carreau, — Dame de pique, — Quatre de pique, — Dame de trèfle, — Cinq de cœur, — Dix de pique, — As de cœur, — Trois de pique, — Deux de carreau, — As de carreau, — Roi de cœur, — Roi de pique.

5° Les douze signes du Zodiaque représentent *l'ordre des temps* et comprennent douze cartes :

Valet de cœur, — *le Bélier*, — sexe masculin ;

As de pique, — *le Taureau*, — sexe féminin ;

Trois de carreau, — *les Gémeaux*, — sexe masculin ;

Neuf de trèfle, — *l'Ecrevisse*, — sexe féminin ;

Neuf de cœur, — *le Lion*, — sexe masculin ;

Dame de cœur, — *la Vierge*, — sexe féminin ;

Valet de pique, — *la Balance*, — sexe masculin ;

Cinq de carreau, — *le Scorpion*, — sexe féminin ;

Cinq de pique, — *le Sagittaire*, — sexe masculin ;

Sept de trèfle, — *le Capricorne*, — sexe féminin ;

Huit de carreau, — *le Verseau*, — sexe masculin ;

Quatre de cœur, — *les Poissons*, — sexe féminin.

Pour le cas où quelques-unes de ces situations présenteraient quelque obscurité, nous allons expliquer un coup de cinq cartes sur les cinq parties.

Ainsi, pour éviter de confondre la désignation des cinq tas, on dispose une figure semblable à celle-ci :

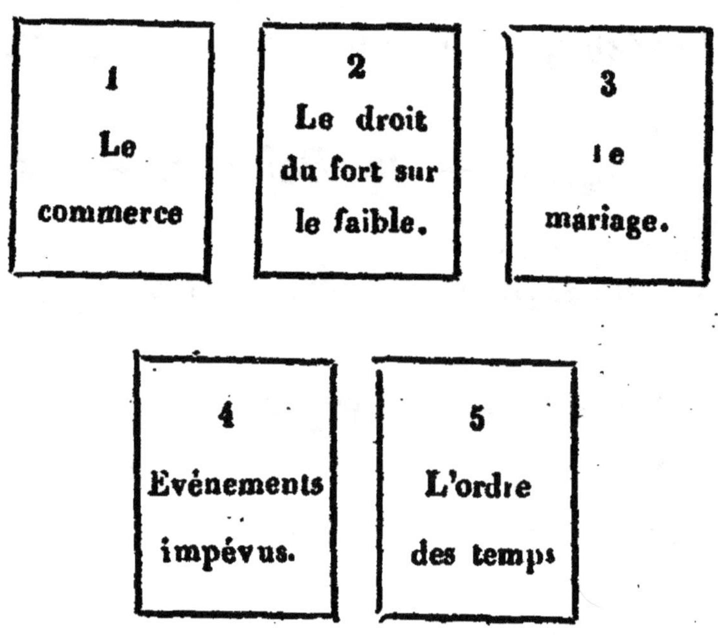

Cet exercice se fait après avoir mêlé et coupé les cartes et avoir ôté la carte de dessus pour le consultant et la carte de dessous pour la consultante. Ces deux cartes se mettent en *réserve* et servent de renseignements pour le tas où serait l'événement qui intéresse le consultant.

Puis on compte 1, 2. 3, jusqu'à la 12e carte, que l'on place sur le 1er tas; on recommence à compter 1, 2, 3, jusqu'à la 10e, que l'on place sur le 2e tas, et ainsi de même les 10es sur le 3e, 4e et 5e tas.

Ce premier tour fait, on le recommence quatre fois, mais avec cette différence que l'on place au second tour la 11e carte sur le 1er tas, la 9e sur le 2e, 3e, 4e et 5e tas.

Au troisième tour, la 10e carte sur le 1er tas, la 8e sur le 2e, 3e, 4e et 5e.

A quatrième tour, la 9e sur le 1er tas, la 7e sur le 2e, 3e, 4e et 5e.

Au cinquième tour, la 8e sur le 1er tas, la 6e sur le 2e, 3e, 4e et 5e.

A chaque tour fait, il ne doit rester aucune carte dans la main.

Les cinq tas de cinq cartes chacun ainsi formés, on les retourne les uns après les autres de droite à gauche, en commençant par le premier.

Ensuite on examine si, dans les tas, il y a des cartes lui appartenant.

Ainsi, s'il n'y avait point de carte de la toison d'or dans le tas du *commerce*, c'est qu'il n'y aurait pas pour le consultant d'opération commerciale.

S'il ne se trouvait point de carte de la guerre de Troie dans le tas du *droit du fort sur le faible*, c'est qu'il n'y aurait point de crainte de tromperie et d'injustice.

S'il n'y avait point de carte de la science hermétique dans le tas du *mariage*, c'est qu'il n'y en aurait pas de projeté.

Si, dans le tas des *événements imprévus*, il ne se trouvait pas plusieurs des cartes diverses lui appartenant, c'est qu'il ne devrait rien arriver d'imprévu au consultant.

S'il n'y avait point de cartes des signes du Zodiaque dans le tas marquant l'ordre des temps, c'est qu'il n'y aurait pas pour le consultant d'époque importante arrêtée. La

1re carte du tas de l'ordre des temps détermine le tas du commerce ; la 2e, celui du droit du fort sur le faible; la 3e, le mariage; la 4e les événements imprévus ; la 5e a toujours rapport au consultant.

Il est bien entendu qu'il n'y a que les cartes représentant les signes du Zodiaque qui aient une fonction.

LE PASSÉ, LE PRÉSENT ET L'AVENIR indiqués par les signes du Zodiaque.

1° *Le Verseau avec les Poissons*, — temps passé.

2° *Les Poissons avec le Bélier*, — temps passé tout récemment.

3° *Le Bélier avec le Taureau*, — temps présent.

4° *Les Gémeaux avec l'Ecrevisse*, — temps rapproché.

5° *Le Lion avec la Vierge*, — temps plus éloigné.

6° *La Balance avec le Scorpion*, — temps éloigné.

7° *Le Sagittaire avec le Capricorne*, — temps très-éloigné, incertain.

Valeur des signes du Zodiaque séparément.

Le Bélier........	3	La Balance......	21
De Taureau.....	6	Le Scorpion......	24
Les Gémeaux....	9	Le Sagittaire....	27
L'Écrevisse......	12	Le Capricorne....	30
Le Lion.........	15	Le Verseau......	33
La Vierge.......	18	Les Poissons.....	36

Lorsqu'un signe du Zodiaque détermine seul un événement, le temps dans lequel l'événement doit arriver sera toujours dans la proportion de 3, 6, 9, etc., etc. Par exemple, si un événement commercial ou un mariage est déterminé par les Gémeaux, ou l'Ecrevisse, ou le Lion, il aura lieu dans un temps 2 fois, 3 fois, 4 fois plus éloigné que s'il était déterminé par le Bélier ; et en considérant l'âge du consultant, la durée ordinaire de la vie, on arrivera facilement à savoir l'époque présumée de l'événement.

Si nous supposons qu'une personne ait besoin d'être éclairée sur une des cinq situations que comporte le coup que nous venons de faire, nous dirons :

Le 1er tas ne contenait aucune carte du *commerce*, donc il ne lui est pas applicable.

Le 2e ne contenait aucune carte du *mariage*.

Le 3e contenait une carte seulement du *droit du fort sur le faible*, et cette carte ne formait rien d'explicable.

Le 4e (*les événements imprévus*) était le seul où il y eût des cartes lui appartenant ; il est composé d'une carte appartenant au *droit du fort sur le faible*, Dame de carreau, et les quatre autres *aux événements imprévus* ; ainsi nous allons l'expliquer :

Dame de carreau	Roi de pique	Trois de carreau	Roi de cœur	Deux de trèfle

La carte du milieu est *Trois de carreau*. Cette carte représente une personne de talent et d'esprit. Par la place que cette carte occupe à côté du *Roi de pique*, et à cause du petit sujet de droite (*Mastigophore présentant une lettre de cachet*), nous dirons : C'est un jeune homme pauvre tourmenté par les dettes et qui vient de subir une arrestation. La 2e carte à sa droite, *la Dame de carreau*, indique une mauvaise connaissance, méchante et trouvant du plaisir à faire le mal. A cause du petit sujet (*Pâris présentant la pomme à Vénus)*, ceci veut dire : Ce jeune homme a reçu des services d'une méchante personne qui se venge ; par jalousie de se voir préférée par une autre, elle poursuit et fait arrêter ce jeune homme. Mais il est honnête, ceci est prouvé par la 1re carte à sa gauche, *Roi de cœur ;* et à cause du petit sujet de gauche, *un pupitre sur lequel est le livre des Lois de Solon*, ceci veut dire : Ce jeune homme a un esprit éclairé; il suivra les conseils de l'homme sage vers lequel ses tendances le portent, et qu'il envie. La 2e carte à sa gauche, *Deux de trèfle.* A cause du petit sujet de gauche, *un rocher au-dessus duquel est un oiseau*, nous dirons : Le consultant sera retiré de l'embarras où il se trouve par un homme bon ; il acquerra par ses talents et son esprit de la renommée et des richesses.

La carte de réserve applicable au consultant est le *Six de trèfle*. Il est averti, par cette carte de troubles et de dissensions, qu'il doit marcher droit sur le chemin où il se trouve; se retourner serait échouer. Maintenant, la 4e carte de l'ordre des temps se trouve être les *Gémeaux;* c'est elle qui doit déterminer le temps auquel le consultant changera de situation.

Les Gémeaux représentent 9.

Tableau comparatif de la vie avec l'année (1).

Signes du Zodiaque	Années correspondantes qui sont sous l'influence des signes.	Ordre des signes	Valeur de chaque signe par rapport à l'année
Le Bélier . .	de 15 à 20 a.	1er signe	30 j. ou 3 dizain
Le Taureau. .	20 25	2e	60 6
Les Gémeaux	25 30	3e	90 9
L'Ecrevisse .	30 35	4e	120 12
Le Lion. . .	35 40	5e	150 15
La Vierge . .	40 45	6e	180 48
La Balance. .	45 50	7e	210 21
Le Scorpion .	50 55	8e	240 21
Le Sagittaire.	55 60	9e	270 27
Le Capricorne	60 65	10e	300 30
Le Verseau. .	65 70	11e	330 33
Les Poissons .	70 75	12e	360 36

(1) Les anciens philosophes ont divisé la vie à partir de 15 ans, en 12 périodes de chacune cinq années, qu'ils ont placées sous l'influence d'un des douze signes du Zodiaque, ainsi que l'année lunaire de 360 jours dont ils se servent, est divisée en 12 parties ou mois de 30 jours, qui contiennent chacune 3 périodes de 10 jours.

Pour savoir à quelle époque un événement quelconque arrivera, il faut connaître :

1° L'âge du consultant, et voir par le tableau à quel signe il appartient ;

2° Prendre le temps pendant lequel le consultant doit rester sous le signe ;

3° Diviser ce temps en douze parties ;

4° Multiplier cette douzième partie par le numéro d'ordre du signe du Zodiaque qui détermine l'événement.

Supposons que le consultant ait 26 ans 6 mois 15 jours, il appartient, comme on le voit par le tableau, au signe des Gémeaux, qui commence à 25 ans et finit à 30.

Il faut alors prendre le temps qu'il doit rester sous ce signe, en retranchant 26 ans 6 mois 15 jours de 30 ans, ce qui donne 3 ans 5 mois 15 jours.

Il reste donc au consultant 3 ans 5 mois 15 jours à se trouver sous l'influence des Gémeaux. Puis il faut diviser ce reste 3 ans 5 mois 15 jours en 12 parties. Pour simplifier cette division, il faut réduire le tout en jours ; ainsi je multiplie d'abord :

3 ans 360 jours, ce qui donne 1080 jours.

Je vois au tableau que 5 mois font 150 jours, que j'ajoute aux 1080, ce qui fait 1230 jours, auxquels j'ajoute 15 jours, ce qui me fait en tout 1245 jours.

Je divise ensuite ces 1245 jours par 12, et j'ai la division :

1245	12
0045	103
9	

qui me donne 103 jours, avec une fraction de 9/12 (1).

J'ai donc 103 jours à multiplier par le numéro d'ordre du signe du Zodiaque qui détermine l'époque de l'événement : nous savons que ce sont les Gémeaux, dont le numéro d'ordre est 3.

(1) On peut négliger les fractions, si l'on veut, d'autant plus que leur différence est peu sensible.

On a donc la multiplication 103 j. $\times$ 3 = 309 jours ou 10 mois 9 jours. Ainsi, la position du jeune homme sera changée à cette époque.

CHAPITRE QUATRIEME.

Le coup des pensées, ou l'Indiscret.

Nous croyons faire plaisir à nos lecteurs en ajoutant cet exercice, auquel une, deux, trois, jusqu'à douze personnes peuvent prendre part, s'intéresser et lire, l'une après l'autre ou simultanément, le résultat de leurs pensées et tout ce qui se rattache à leur existence.

Pour jouer ce coup, on divise le contour d'une table en 12 parties, dont chacune porte le numéro et le nom de la figure ci-dessous :

12 Neptune.	1 Pallas.	2 Vénus.
11 Junon.		3 Apollon.
10 Vesta.		4 Mercure.
9 Diane.		5 Jupiter
8 Mars.	7 Vulcain.	6 Cérès.

Cette division faite, on écrit les douze premiers nombres sur des petits papiers que l'on plie et met dans un sac, ou bien on se sert des douze premiers numéros d'un loto.

Les personnes qui prendront part à l'exercice tireront un numéro, qui indiquera la place que chacune doit occuper autour de la table : le n° 1 sera noté Pallas, le n° 2 Vénus, le n° 3 Apollon, et ainsi de suite.

Que l'on soit douze ou moins, la distribution des cartes doit se faire comme si toutes les places étaient occupées.

La personne qui tire le n° 1 doit mêler parfaitement le jeu et faire couper par celle qui est à sa gauche ; puis, reprenant les cartes, elle commence la distribution par sa droite, en plaçant une carte sur chacune des douze places, et elle recommence cette distribution trois fois, de sorte qu'il se trouve un tas de trois cartes dans chaque place.

Ainsi, 36 cartes sont distribuées et 18 restent au talon.

Chaque personne prendra toujours pour son n° 1 le tas qui se trouvera devant elle, quelle que soit la place que le sort lui aura assignée, et la divinité qui sera censée présider à cette place représentera la personne ou la chose de ses pensées.

Maintenant, nous allons indiquer le caractère attribué à chacune de ces divinités.

N° 1, OU PALLAS,

Indique un caractère audacieux, d'un courage à toute épreuve, d'un mérite et d'une sagesse reconnus, s'occupant, dans ses moments de loisir de science et d'arts utiles.

N° 2, OU VÉNUS,

Indique un caractère futile, préférant les plaisirs au travail ; aimable, sémillant, passionné, mais volage, inconstant, qui rarement tient ses promesses.

N° 3, OU APOLLON,

Indique un individu d'une imagination féconde, doué de connaissances variées, d'un esprit pénétrant, aimé et recherché de tout le monde, parce qu'il sait se rendre utile et agréable.

N° 4, ou Mercure.

Indique un industriel d'un caractère fin, rusé, d'une activité extrême qui le porte à s'occuper de tout : trafic, message, toutes les professions lui sont bonnes, pourvu qu'il y trouve son profit, et même le moyen de satisfaire son penchant de convoitise qui le domine.

N° 5, ou Jupiter,

Indique un personnage d'un grand caractère, noble de cœur, dont la puissance à nulle autre ne peut être comparée, accessible aux plaisirs, mais que l'ambition et la gloire élèveront aux plus hautes dignités.

N° 6, ou Cérès,

Indique les rudes travaux, l'homme des champs, et tous ceux ceux qui occupent des emplois subalternes.

N° 7, ou Vulcain,

Indique un caractère dur, irascible, jaloux, d'un génie inventif, et pratiquant avec succès toute espèce d'arts mécaniques et industriels.

N° 8, ou Mars,

Indique un personnage de grande ambition, dévoré de la soif de la gloire, préférant le bruit et les périls des combats à la tranquillité des emplois civils.

N° 9, ou Diane,

Indique un caractère fier et sauvage, fuyant les compagnies, aimant les exercices du corps, les parties de chasse, incapable de remplir aucune fonction, et dédaignant même de se créer un avenir.

N° 10, ou Vesta,

Indique un caractère d'une simplicité admirable, probe, vertueux, contre lequel la séduction n'aura jamais de prise, qui sera toujours un ami dévoué, un serviteur ou employé fidèle.

N° 11, ou Junon.

Indique un caractère imposant, altier, sévère, aimant la régularité, l'ordre, mais soupçonneux et adroit à découvrir si on le trompe.

N° 12, ou Neptune,

Indique un caractère changeant, aventureux, entreprenant une chose, puis une autre, sans les conduire à leur fin ; faible dans ses résolutions et manquant absolument d'énergie.

Comme il vient d'être dit, la place que chaque personne occupe est toujours son n° 1, celui sur lequel elle dirige sa pensée, et dans les trois cartes qui se trouveront devant elle, elle cherchera à expliquer l'intention, l'importance et le résultat de ce qu'elle pense et ce qui a rapport à sa vie directement.

Son n° 2 est représenté par les trois cartes qui se trouvent devant la première personne à sa droite, dans lesquelles elle cherchera s'il y a changement de position, espérance de fortune, et en quoi elle consiste.

Son n° 3, représenté par les trois cartes de la deuxième personne à sa droite, lui indiquera tout ce qui est relatif à ses frères et sœurs, associés ou petits voyages.

Le n° 4 est devant la troisième personne; elle y cherchera ce qui est relatif à son père et à sa mère, ses secrets ou ses héritages.

Le n° 5 est devant la quatrième personne; toujours à sa droite; il lui indiquera ce qu'elle désire savoir touchant ses enfants, les personnes qu'elle affectionne le plus, leur conduite et tout ce qui est relatif aux messages, demandes, présents ou dons.

Le n° 6 est devant la cinquième personne; elle y cherchera ce qui est relatif à ses domestiques ou bien à ceux qui ont sa confiance, ce qui peut l'intéresser sous le rapport des maladies et des dettes.

Le n° 7, devant la sixième personne, désigne tout ce qui a rapport au ménage, si on est marié; au mariage, si on ne l'est pas aux amours sincères ou infidèles, liaisons de toutes sortes, procès injustes.

Le n° 8, ou les cartes de la septième place, désignent tous les accidents, revers qui peuvent arriver, ce en quoi ils consisteront; les voyages de long cours, les navigations.

Le n° 9, ou les cartes de la huitième place, désignent les récompenses accordées à la sagesse et à la piété, et les punitions réservées à l'inconduite ou à l'impiété.

Le n° 10, ou les cartes de la neuvième place, indiquent les honneurs, les dignités, les faveurs des rois et des grands seigneurs, les grandes administrations, les grands emplois.

Le n° 11, ou les cartes de la dixième place, indiquent les protecteurs, les aventures, les rencontres ou les conquêtes, ce qu'on doit en attendre.

Enfin, son n° 12, ou les cartes de la onzième place, laquelle se trouve à son côté gauche, lui indiquera sa position sociale, son état de fortune ou de santé dans un âge avancé.

Maintenant, il reste à connaître les propriétés spéciales de chaque carte ; on les trouvera pages 5 à 55, après quoi on expliquera les propriétés qu'elles ont relativement à la place qu'elles occupent, et si elles n'ont pas de rapports avec la place où elles se trouvent, elles resteront nulles et sans explication.

Exemple : Supposons une personne qui a pris le n° 3; ce n° 3 est pour elle seulement le n° 1, et celui dont les cartes lui apprendront le résultat de la chose principale qui l'occupe.

De même une personne qui aurait pris le n° 4 ; ce n° 4 sera pour elle aussi le n° 1, et celui dont les cartes lui apprendront le résultat de la chose à laquelle elle pense ; et il en sera de même pour tous les numéros.

Enfin, pour rendre plus sensible tout

ceci, nous allons faire une application. Soit le n° 3, qui a trait à Apollon, lequel indique un caractère d'imagination féconde, doué, etc. Alors la personne qui a pris le n° 3 porte ses pensées sur un personnage d'une imagination féconde, doué, etc. et les trois cartes qui sont échues à ce même n° 3, l'une, la première à droite, a spécialement trait à l'objet des pensées ; la deuxième, à la personne qui domine ou qui protége l'objet des pensées ; et la troisième intéresse particulièrement le consultant, et lui apprend ce qu'il a à craindre ou à espérer. Admettons le Huit de carreau première à droite, Cinq de cœur deuxième, Cinq de trèfle troisième ou première à gauche. Comme on le verra page 36, *Huit de carreau*, démarche pour un emploi ; *grand sujet*, position assurée. Il est clair que, si on a une position assurée, on la tient de la personne qui a procuré l'emploi, et cette personne ne peut être que le Cinq de cœur page 28, grand personnage. La troisième,

Cinq de trèfle, page **13**, qui indique abus de confiance, veut dire aussi instabilité, bonheur peu durable. Ainsi voici ce que nous dirons à la personne qui a ces trois cartes à ce numéro : La personne sur laquelle vous fondez vos espérances obtiendra une position assurée par une protection puissante ; mais vos liaisons avec cette personne seront équivoques et peu durables.

Maintenant, voyons les cartes de votre n° **2**, qui se trouvent, comme il vient d'être dit, devant la première personne à votre droite : admettons qu'elles sont le *Huit de cœur, Trois de carreau, Six de trèfle.* Dans ces trois cartes, il n'y en a pas qui annoncent de changement de position ni d'espérance de fortune ; alors elles sont nulles à cette place ; seulement, le Huit de cœur, page **24**, qui indique joie secrète, réussite, etc.; *grand sujet*, perte ou éloignement, etc. Cette carte indique, mais très-vaguement, que la perte d'une personne changera en bien votre position, que même elle l'améliorera.

Ainsi, chaque personne expliquera de la même manière ses douze numéros ; mais il pourra se faire que, parmi ces numéros, il s'en trouve dont les cartes ne signifieront rien, ce qui arrivera quand elles occuperont des places avec lesquelles elles n'auront aucun rapport; toutefois, son n° 1, qui est celui des pensées, lui apprendra toujours quelque chose.

Quant aux places qui indiquent les frères ou sœurs, pere ou mère, on les reconnaîtra par les signes du Zodiaque (voir page 74). Un signe masculin indiquera un frère, un père, ou toute autre personne dont on voudra désigner le genre, et un signe féminin indiquera une sœur, une mère, etc.

Ces explications sont suffisantes pour jouer ce coup immédiatement et sans recherches.

ON TROUVE A LA MÊME ADRESSE :

La Sibylle des salons, contenant 52 cartes, renfermées, avec le livre explicatif, dans un étui.

2° **Le Livre du Destin**, contenant 32 cartes et renfermées, ainsi que la règle, dans un élégant étui.

3° **Le Devin du Mariage**, nouveau jeu composé de 38 cartes, renfermé, avec l'explication dans un étui.

TABLE.

CHAPITRE PREMIER.

Explication et valeur des cartes 5

CHAPITRE DEUXIÈME.

Notions préliminaires.................. 57

CHAPITRE TROISIÈME.

Division du jeu 73

Le passé, le présent et l'avenir indiqués par les signes du Zodiaque..... 80

Tableau comparatif de la vie avec l'année.......................... 85

CHAPITRE QUATRIÈME.

Le coup des pensées, ou l'Indiscret..... 89

PARIS. — IMPRIMERIE J. TREMBLAY, RUE DE L'ÉPERON, 5.

www.ingramcontent.com/pod-product-compliance
Lightning Source LLC
LaVergne TN
LVHW050540100826
845148LV00002B/623

* 9 7 8 2 0 1 2 5 4 7 7 7 3 *